OBSERVATIONS

SUR LE SYSTÈME

FINANCIER ET ADMINISTRATIF.

OBSERVATIONS

SUR LE SYSTÈME

FINANCIER ET ADMINISTRATIF

ADOPTÉ EN 1814.

« S'il faut être soigneux , disait le cardinal de Richelieu,
« d'amasser de l'argent pour subvenir aux dépenses de
« l'Etat, et religieux à le conserver, lorsque les occasions
« ne se présentent pas à le dépenser, il faut être égale-
« ment libéral à l'employer, lorsque le bien public le
« requiert, et le faire à temps et à propos, autrement
« le retardement en telles occasions coûte souvent cher
« à l'Etat, et fait perdre du temps qu'on ne rencontrera
« jamais. »

PARIS,

J. G. DENTU, IMPRIMEUR-LIBRAIRE,
Rue du Pont de Lodi, n° 3, près le Pont-Neuf.
1815.

AVANT-PROPOS.

Depuis l'arrivée du Roi au mois de mai 1814, depuis son retour au mois de juillet dernier, les seules mesures de finances adoptées, sont les réductions, les réformes, les économies de toutes natures. Il semble que ces moyens soient les seuls qui puissent servir à acquitter l'arriéré et les contributions exigées par l'étranger. Cependant si on continuait d'appliquer les recettes ordinaires à ces dépenses extraordinaires, les rentiers viagers et perpétuels ne pourraient recevoir avec exactitude leurs arrérages, les employés leurs traitemens, l'armée sa solde et les pensions. La misère d'un grand nombre d'ouvriers serait la suite de la suspension des travaux publics à Paris et dans les départemens. Nos grandes routes, naguère objet d'admiration pour l'étranger, deviendraient impraticables ; nos ponts, nos édifices publics détruits par la guerre, ne seraient pas réparés, nos arsenaux resteraient vides et nos places fortes démantelées. Le capitaliste, témoin de la pénurie du trésor et de l'inaction du gouvernement, continuerait de resserrer ses capitaux, le commerce languirait, et par suite la recette des impôts indirects serait faible, et celle des impôts directs de difficile perception.

Il est un autre système plus convenable à notre situation, aux circonstances et à nos ressources.

En appliquant la totalité des recettes ordinaires aux seules dépenses courantes, on pourra substituer une sage libéralité à une sévère écono-

mie, l'activité à l'inaction des travaux publics, ranimer par de bonnes
dispositions la navigation et le commerce, rétablir nos colonies, et en
donnant de l'occupation aux hommes
oisifs, contribuer à assurer la tranquillité intérieure.

Les moyens de crédit que je déve-
lopperai dans mon ouvrage, pour-
voieront à l'arriéré et aux contributions exigées par l'étranger. Ces
moyens sont calqués sur ceux adoptés
depuis long-temps en Angleterre, et
je n'ai d'autre mérite que d'en faire
l'application à la France.

Pour prouver l'influence du système des finances adopté en 1814,
sur les évènemens survenus et sur la
misère actuelle, je serai forcé de
parler de la situation des esprits en
France à cette époque. Je serai aussi
concis que possible, dans ces détails et

dans ceux qui prouveront les avantages attachés au plan que je propose.

Le traité étant définitivement signé, il n'est pas douteux que, précisément parce qu'il contient des clauses rigoureuses, le Roi, en les observant fidèlement, pourra du moins exiger que désormais on ne le trouble pas dans l'exercice de sa souveraineté, soit en France, soit dans les colonies qui nous restent, et opposer une fermeté inébranlable aux nouvelles prétentions qu'on voudrait élever.

OBSERVATIONS

SUR LE SYSTÈME

FINANCIER ET ADMINISTRATIF.

———

« Lorsque les légions romaines passèrent
« les Alpes, dit Montesquieu, les gens de
« guerre qu'on était obligé de laisser pendant
« plusieurs campagnes dans les pays que l'on
« soumettait, perdirent peu-à-peu l'esprit de
« citoyen, et les généraux qui disposèrent
« des villes et des royaumes sentirent leurs
« forces et ne purent plus obéir. Les soldats
« commencèrent donc à ne reconnaître que
« leur général, à fonder sur lui toutes leurs
« espérances, et à voir de plus loin la ville.
« Ce ne furent plus les soldats de la républi-
« que, mais de Sylla, de Marius, de Pompée,
« de César. Rome ne put plus savoir si celui
« qui était à la tête d'une armée dans une
« province était son général ou son ennemi. »

La lecture de ce passage donne l'explica-
tion de la facilité avec laquelle l'armée française se laissa entraîner par Buonaparte, lors-

de son invasion, les mêmes circonstances amenant souvent les mêmes résultats. En effet, « il avait pendant quinze ans tenu ses « armées hors de la France; il les avait accou- « tumées aux rapines; il leur avait donné des « besoins qu'elles n'avaient jamais eus; il avait « corrompu les soldats; il les avait rendus « avides pour jamais; et comme il leur avait « donné des dotations dans diverses contrées « de l'Europe, ces gens-là considéraient leur « fortune comme attachée à sa vie, et étaient « toujours prêts à le secourir et à le venger. »

Je laisse à l'illustre auteur des *Considéra- tions sur les causes de la grandeur et de la décadence des Romains*, tout le mérite de ce tableau de l'armée de Buonaparte à l'instant de sa première abdication, n'ayant fait que substituer le nom de cet usurpateur à celui de l'usurpateur Sylla.

Ainsi, au moment où Louis XVIII fut rappelé au trône de ses pères par le vœu de son peuple, il trouva contre lui les dispo- sitions de l'armée.

Celle de mer, qui depuis plusieurs années partageait le service et les chances de l'autre, en avait adopté l'esprit, et était loin d'avoir pour le Roi l'affection et le dévouement dont elle avait donné tant de preuves à Buonaparte.

Je crois n'avoir rien dit de trop sur l'esprit de nos armées de terre et de mer ; et sans me fatiguer à en prouver l'ingratitude, à l'instant sur-tout où 150 mille prisonniers français, privés depuis long-temps de leur liberté à la suite des revers essuyés par Buonaparte, devaient au Roi seul leur retour dans leur patrie, il me suffit d'avoir démontré que ce mécontentement existait.

Si nos guerres continuelles avaient donné à nos armées des besoins que l'état de paix ne permettait plus de satisfaire, elles avaient produit aussi dans les idées, les goûts, les mœurs, l'industrie et le commerce de la nation, des innovations que la nouvelle situation des choses ne pouvait manquer de contrarier. D'une autre part, la perte presque instantanée de nos immenses conquêtes, laissait sans emploi une foule de personnes qu'y occupaient antérieurement nos administrations ; et comme si toutes ces circonstances ne suffisaient pas à la difficulté du moment, le parti des mécontens se grossissait de toute cette jeunesse élevée depuis dix ans dans les principes et les goûts de l'état militaire, et de tous ceux que ne rassuraient ni les proclamations du Roi ni la charte, et à qui la malveillance faisait craindre ou qu'on ne revînt sur la vente des biens nationaux, ou qu'on ne se ressouvînt de leurs crimes.

Dans cet état de choses, le Roi, pour s'attacher tous les partis, avait besoin d'une administration sage, forte et généreuse, et sur-tout d'un système de finances qui permît à chacun des ministres de donner une grande activité à son service. Avant de prouver combien les mesures et le plan adopté se sont écartés de ce but, on me permettra d'entrer dans quelques explications.

En Angleterre, l'usage des ministres responsables, usage sans lequel ils ne pourraient être assujétis à aucune responsabilité, est d'examiner, lors de la formation de leurs budgets, quels sont les besoins de leur département et d'en présenter l'état. Ainsi, celui de la marine, chargé des approvisionnemens des arsenaux, des constructions, des radoubs, des armemens ordinaires et extraordinaires que peuvent nécessiter les circonstances, en établit la dépense dans sa plus grande latitude, et aucune considé-

ration quelconque ne le déterminerait à la
réduire, si cette réduction pouvait influer
sur son service. Ce que je dis de la marine
est applicable à la guerre et aux autres départemens. Il s'ensuit que tous marchent avec
grandeur et facilité, et que jamais l'administration n'éprouve ni froissement ni obstacle. S'occupe-t-on dans les ports de France
de l'armement de quelques vaisseaux ? sur
le champ une escadre d'observation en
nombre au moins égal se place en station
pour en empêcher la sortie, ou les combattre
s'ils osent la hasarder. Quelques bâtimens
échappent-ils à la surveillance de leurs esca-
dres ? d'autres vaisseaux se rendent dans les
parages pour lesquels on les suppose destinés. Les menace-t-on d'une descente ? des
chaloupes sont opposées à nos chaloupes,
des prames à nos prames. Si Buonaparte
envahit l'Espagne ? le ministre de la guerre
envoie aux insurgés des armes et des muni-
tions : bientôt des troupes régulières se joi-
gnent à eux, et leur permettent de se dé-
fendre contre nos vieilles bandes. La force
de l'armée française en Portugal exige-t-elle
une guerre de temporisation ? non seulement
l'Angleterre pourvoit à la dépense de son

armée, retranchée derrière les lignes inex-
pugnables de Torres-Vedras; mais son habile général y attire la population entière du
Portugal, et cette population y vit dans
l'abondance, avec les vivres amenés à grands
frais de l'Angleterre sur ses bâtimens de
transports, pendant que notre armée éprouve
toutes les horreurs de la famine, dans ses
vastes cantonnemens, déserts d'hommes et
de choses, et est forcée à les abandonner.
Faut-il dédommager la Hollande de la perte
d'une partie de ses colonies, appaiser la
Suède sur la rétrocession de la Guadeloupe
faite sans sa participation? avec de l'argent
l'Angleterre les satisfait l'une et l'autre.
S'agit - il enfin de réunir contre le pertur-
bateur du monde l'Europe entière épuisée
d'argent et de crédit, et de la déterminer
à entreprendre une guerre dont elle est hors
d'état de supporter les frais ? seule, elle se
charge de payer pour tous, et elle acquitte
en argent, au moins en grande partie, jusqu'à l'armée qui doit composer son contin-
gent. Cette même grandeur qui préside à
la marine et à la guerre, s'étend sur l'agriculture, sur l'industrie, sur le commerce.
Par-tout les négocians sont protégés, encou-

ragés. « Le baron Wolff arrive en Russie sur
« la fin du règne d'Elisabeth, il y trouve les
« Prussiens en possession de fournir l'habil-
« lement des troupes, et conçoit le projet
« de les en dépouiller, pour transporter cette
« branche de commerce à sa patrie. Il n'y
« avait d'autre moyen que de livrer les draps
« à plus bas prix : il fallait perdre 200 mille
« roubles ; il les perdit, et emporta la pré-
« férence. Cette opération déconcerta les
« Prussiens, leurs fabriques tombèrent. Lors-
« que Wolff fut bien assuré de leur impuis-
« sance à se relever, il remit la livraison des
« étoffes au taux fixé par les Prussiens. Le
« gouvernement d'Angleterre, instruit de
« la conduite du baron Wolff, lui envoia une
« vaisselle d'argent marquée aux armes de
« la couronne. Il fit plus, il le nomma son
« consul, et bientôt après son résident à la
« cour de Russie (1). » J'ai choisi cet exemple, entre beaucoup d'autres, parce qu'il
prouve, en même temps, et les encourage-
mens donnés à son commerce, et les moyens
employés pour ruiner celui des autres nations.

____

(1) *Atlas du commerce de Russie*, par Leclerc,
page 168.

Ses manufactures ont-elles besoin, pour soutenir la concurrence étrangère, de primes ou d'avances? on les accorde. On croirait que les richesses d'Angleterre sont inépuisables, et cependant cette énorme puissance, cette prodigalité excessive, cette profusion sans limites qui semblent l'enrichir au lieu de diminuer ses ressources, ne tiennent à rien qu'au résultat de l'application d'un principe bien reconnu par son administration, c'est que la fortune publique se compose du produit de toutes les fortunes particulières. Ainsi, du moment que le gouvernement agit de telle sorte, que l'agriculture, le commerce, les colonies, la navigation sont au plus haut degré de prospérité, toutes dépenses faites pour les y maintenir rentrent bientôt à usure dans ses coffres par le produit des impôts qui frappent sur toutes les valeurs et sur la consommation, et atteignent le contribuable, soit directement, soit indirectement.

Le chancelier de l'échiquier est donc en Angleterre la véritable cheville ouvrière. Sur lui repose toute l'administration; les ministres donnent l'état de leurs besoins, c'est à lui à présenter les moyens d'y satisfaire, et aux chambres à donner leurs votes. Je me suis un peu étendu sur le système de l'administration anglaise, parce que c'est par ce système qu'elle a augmenté sa prospérité intérieure et sa puissance au-dehors, à un point qui dépasse toute idée, et qui contraste avec ses moyens réels et sa faible population. C'est parce que nous avons méconnu et négligé ces principes d'une sage administration, que nous n'avons jamais su tirer parti ni des hommes, ni des choses, ni des circonstances.

Vers 1360, nos Normands laborieux, actifs et hardis navigateurs, découvrirent la Guinée, dont l'Europe ignorait encore la situation, et successivement toute cette partie de l'Afrique jusqu'à Portendick. Les Portugais n'y abordèrent qu'un siècle après, et cependant les colonies des Portugais et des Anglais y ont aujourd'hui une grande importance, pendant que celle du Sénégal n'en a encore aucune dans nos mains (1). Le Canada, également découvert, et encore habité aujourd'hui par des Français, n'est devenu une possession florissante qu'entre

______

(1) *Histoire de la Nouvelle Afrique*, par le père Demanet, t. 1, p. 28.

les mains des Anglais, qui y trouvent les
bois de chêne et les pins indispensables à
leur immense marine. La Louisiane, qui,
réunie aux Etats-Unis, avance vers une
grande prospérité, n'était que d'un faible
produit entre les mains des Français, qui les
premiers y abordèrent, et donnèrent au fleuve
qui l'arrose, d'abord le nom de Colbert, et
ensuite celui de Saint-Louis. Le financier
Crozat, à qui Louis XIV concéda le privi-
lége de cette vaste et fertile contrée, ne sut
pas en tirer parti, et la compagnie d'Occi-
dent, qui l'obtint en 1717, n'y eut aucun
succès (1). La Guyane s'est toujours ressentie
de la malheureuse expédition de M. de Chan-
valon, et a, comme tant d'autres possessions,
été victime de notre défaut de persévérance
et de notre constant système d'économie.
Par-tout de faibles efforts en contraste avec
ceux de nos éternels rivaux : toujours une
lutte inégale d'argent et d'hommes. Croit-on
que si Dupleix, homme d'un génie vaste et
créateur, la Bourdonnais, Bussy, Lally et
Suffren, eussent reçu dans l'Inde les renforts

---

(1) *Histoire de la Louisiane*, par Lepage de Pradts,
t. 1, page 47.

en hommes, en argent et en vaisseaux, que méritait l'importance de la cause qu'ils défendaient, l'Angleterre y trouverait aujourd'hui un des élémens de sa prodigieuse puissance? Il s'agissait de la possession de la moitié de l'Asie, d'un revenu de 3 à 400 millions, d'un commerce de plus d'un milliard, et les ministres mettaient en avant la pénurie de nos finances au moment même où on trouvait à remplir à neuf pour cent les emprunts en viager, et à cinq pour cent ceux en perpétuel. Il semble qu'en France le gouvernement soit mortel comme les hommes; que sa mort puisse avoir lieu, non dans vingt ou trente ans, mais dans l'année même; et qu'une dépense dont l'urgence ou le produit n'est pas immédiat, ne doive jamais se faire.

- Au surplus, l'Europe, ou plutôt l'humanité entière, doit rendre grâce à la Providence de ce que cette même faute en finances et en administration, qui, avant la révolution, s'est opposée à l'extension de notre prospérité, ait accompagné tous les actes des gouvernemens qui nous ont régis depuis vingt-cinq ans. Croit-on que si, au moment où Buonaparte, contre toute idée de morale et

d'honneur, envahissait l'Espagne, l'Espagne
si fidèle à ses engagemens envers lui, il eût
continué d'inquiéter l'Angleterre par ses
constructions et ses armemens, et à la me-
nacer d'une descente, cette puissance, oc-
cupée de sa sûreté personnelle, eût pu faire
dans la péninsule cette diversion admirable
qui la sauva du joug de l'usurpateur? Mais
Buonaparte, dans cette circonstance comme
dans tant d'autres, n'ayant pas à sa disposition les ressources d'un immense crédit, ne
pouvait manquer de succomber dans ses
projets gigantesques.

En vain les hommes de tous les états qui
ont une réputation d'habileté, croyent-ils que
ce crédit, qui fait la force de l'Angleterre,
ne peut exister en France, où il n'y a, suivant eux, ni les mêmes ressources ni esprit
public. Il n'en est pas moins démontré, jusqu'à l'évidence, que la France, réduite même
aux limites fixées par le dernier traité, a,
dans son territoire, dans sa population, et
sur-tout dans l'intelligence et le ressort de
cette population; beaucoup plus d'élémens
de crédit que n'en a l'Angleterre elle-même.
A l'égard de l'esprit public, il existera le
jour où, comme en Angleterre, l'adminis-

tration supérieure et les administrations se-
condaires s'occuperont constamment de tout
ce qui peut intéresser les administrés.

Du moment qu'on fera usage de ce crédit,
on ne sera plus forcé, pour subvenir aux dépenses extraordinaires, d'ajourner les dépenses les plus urgentes, de négliger entièrement celles qui seront jugées utiles, et de
frapper ainsi de paralysie toutes les parties,
de l'administration.

Tels ont été les funestes résultats du système de finances adopté l'année dernière,
et cette faute a d'autant plus lieu d'étonner,
que M. le baron Louis avait toujours été
l'apôtre du crédit, et qu'à l'instant même
où il réduisait les dépenses de tous les ministères, M. le prince de Talleyrand, en faisant à la chambre des pairs, le 7 septembre
1814, son rapport sur le plan de finances,
disait : « Il suffit que le crédit existe ailleurs,
« qu'ailleurs *il soit un grand instrument de
« force* pour qu'il doive exister en France,
« et on pourrait ne l'envisager, dans l'état où
« est l'Europe, que par ses avantages relatifs
« et comme un moyen nécessaire à opposer
« aux moyens du même genre, dont d'autres
« nations tirent un si grand parti. »

Buonaparte, en s'emparant du gouvernement, en novembre 1799, a très-bien conçu qu'au milieu du désordre dans lequel le diréctoire avait laissé les finances à la suite de revers qu'on pourrait presque comparer à ceux de 1814, il ne pouvait faire marcher son administration, s'il appliquait à l'arriéré les recettes courantes. Il a donc fait une ligne de démarcation, et on n'aurait, à cet égard, aucun reproche à lui faire, si, par des moyens de crédit, il eût pourvu aux dettes contractées par le gouvernement antérieur.

Il fallait donc que le ministre des finances de Louis XVIII, envisageant son plan en homme d'état, comme il était capable de le faire, eût pourvu, en même temps, aux fonds nécessaires pour payer l'arriéré, et à ceux qui étaient indispensables pour ne pas entraver la marche du gouvernement.

Il me semble que le mode de liquidation de la dette non fondée, contractée sous Buonaparte, était dicté par l'exemple de l'Angleterre en 1710, et par la situation même de notre grand livre qui, au 1er mai 1814, n'était chargé que de 63 millions en perpétuel, et environ de 16 millions en viager.

Ici, je laisse parler l'auteur de l'*Essai sur
le commerce de l'Angleterre* : « Les dettes
« de la nation anglaise, dit-il, qui à l'avène-
« ment de la reine Anne à la couronne
« étaient très-considérables, au lieu de dimi-
« nuer durant le cours de son règne, s'ac-
« cumulèrent à un degré si énorme, que le
« parlement tenu en 1710, jugea de la der-
« nière importance de les liquider. Les retards
« de paiement éprouvés par les entrepre-
« neurs de fournitures pour la flotte et les
« troupes de terre, les avaient autorisés, en
« quelque sorte, à se dédommager de la
« perte qu'ils en souffraient, sur le prix de
« ce qu'ils en fournissaient.

« L'espèce d'illégitimité qu'on pouvait re-
« procher à une partie de ces créances, ne
« déchargeait ni le parlement ni les ministres
« du devoir indispensable d'acquitter leurs
« engagemens, ou de prendre des arrange-
« mens équivalans. D'ailleurs, en suivant
« un autre système, le crédit public eût reçu
« un échec qui eût causé certainement la
« ruine d'un grand nombre de particuliers.
« Quelles qu'aient été les considérations qui
« déterminèrent le parlement, il ne voulut
« pas tromper l'attente des personnes d'hon-

« neur qui avaient prêté sur la bonne foi du
« gouvernement. »

« Le gouvernement sentant bien qu'il
« n'était pas possible, dans les conjonctures
« présentes, d'acquitter une dette aussi forte,
« songea à dédommager d'une autre manière
« les créanciers de l'état. M. Harley, alors
« chancelier de l'échiquier, proposa de leur
« donner, et le parlement arrêta qu'il leur
« serait alloué des annuités à six pour cent,
« pour toutes les sommes dues par l'état,
« jusqu'à ce que le principal pût être rem-
« boursé. »

Si ce mode simple de liquidation eût été
adopté, comme le proposaient quelques députés, il suffisait, en calculant avec M. le duc
de Gaëte l'arriéré sur le pied de 520 millions,
et allouant six pour cent d'intérêt, d'inscrire
de 19 à 20 millions de rentes, et d'en inscrire
42 millions, en calculant avec M. le baron
Louis cet arriéré sur le pied de 700 millions.
Ce mode de liquidation présentait le grand
avantage de pouvoir, au même instant, acquitter l'arriéré, de subvenir aux besoins
pressans des créanciers de l'état, de faire
cesser leurs inquiétudes, de donner un grand
mouvement aux affaires, et, en multipliant le

nombre d'individus inscrits au grand-livre, de multiplier les hommes intéressés au maintien de l'ordre et du gouvernement.

Le plan de finances proposé par M. le baron Louis et approuvé par les deux chambres, après de longs débats qui ne portaient que sur des chiffres et jamais sur l'influence qu'il pouvait avoir sur l'administration en général, ce plan, dis-je, avait, au premier coup-d'œil, et considéré isolément, quelque chose de séduisant et pour le ministre qui l'avait conçu et pour les députés auxquels on le présentait, en ce que, sans création de nouveaux impôts et par le seul sacrifice de trois cents mille hectares de forêts, il semblait devoir liquider en quatre ans tout l'arriéré, sans aucune perte pour les créanciers ; mais à peine adopté, il ne fut pas difficile de s'apercevoir que si la liquidation entière s'opérait au même moment, il manquerait son but, celui d'un payement sans perte, honorable désir du baron Louis. Dèslors il exigea une tension continuelle vers les opérations de la bourse : des affiches publiques annoncèrent le retrait des obligations émises Bientôt, pour assurer le succès de l'opération, le ministre fut réduit à thésauriser aux dépens du service courant ; et pour préparer les moyens de relever le crédit des nouvelles obligations qu'il devait émettre successivement, il fallût ralentir la marche même de l'administration.

Enfin, si ce plan présentait aux créanciers de l'arriéré l'espérance d'obtenir des valeurs plus avantageuses que les rentes, le désir de maintenir ces valeurs au pair, en retardait la distribution, au point que ce ne fut qu'en novembre qu'elle commença à avoir lieu à raison de 12 millions par mois, ce qui exigeait quatre ans pour opérer la liquidation entière. Au surplus, si on eût effectué immédiatement e payement de la totalité de l'arriéré en obligations à trois ans, il suffisait d'une guerre ou de troubles intérieurs pour empêcher la réalisation des valeurs applicables en payement de ces obligations, et on pouvait ainsi se trouver forcé, en 1818, de s'occuper encore une fois de ce même arriéré.

L'exemple de l'Angleterre, je le répète, afin qu'on ne rejette pas cette idée comme une innovation ou qu'on ne la réprouve pas comme entachée de mauvaise foi, démontrait que le gouvernement pouvait opérer la liquidation de l'arriéré en rentes ou en obligations portant six pour cent d'intérêt, sans nuire à sa réputation de probité et d'honneur.

Cette réputation était inhérente au gouvernement de nos rois, et si un ou deux de leurs ministres y ont porté atteinte, ce n'était pas un motif pour déterminer un homme connu par ses bons principes et son dévouement à leur cause, de dire page 60 des *Observations et éclaircissemens par un créancier de l'état :* « Chaque contrôleur-général, « avant la révolution, se croyait *et était* « *estimé d'autant plus habile, selon qu'il* « *faisait subir par un édit bien injuste une* « *plus forte réduction à la dette de l'état.* « Le très-petit nombre de contrôleurs géné- « raux qui furent persuadés que le gouverne- « ment, bien plus véritablement que les par- « ticuliers, ne s'honorent et ne s'enrichissent « qu'en payant leurs dettes, ignorèrent la « seconde partie de la science du crédit public. « *Ils ne connurent pas les sources intaris-* « *sables où un état peut puiser éternellement* « *pour subvenir à toutes ses dépenses, sans* « *aggraver les impôts, en augmentant ses* « *richesses, ses forces et celle de la matière* « *imposable.* S'ils firent des emprunts, ils « furent mal combinés, destructifs et rui-

« neux. Les embarras des finances s'accru-
« rent et contrib[illegible]èrent à produire la révolu-
« tion. »

Comment ni Sully, ni Richelieu, ni Colbert, ni tant d'autres n'ont su réunir la science
de l'homme d'état à une grande probité et à
la plus sévère exactitude? Ils n'ont pas connu
les sources intarissables où un état peut puiser
éternellement pour subvenir à toutes ses dépenses (1), ces grands hommes auxquels
nous devons la perfection de notre agriculture, l'introduction des manufactures de soie
et de laine, l'établissement de nos brillantes
colonies, le goût des beaux-arts et leur appli-

____

(1) Tout le monde sait qu'à la suite d'une guerre
désastreuse, et d'une pénurie d'argent telle que la
cour manquait souvent du nécessaire, Louis XIV
ayant eu le projet d'un Carrousel, dont la dépense
devait être très-grande, en raison de la magnificence
et de l'éclat dont on voulait l'environner, le sage Colbert, loin de repousser les vues du Monarque, les
accueillit avec empressement, et sur la demande qui
lui fut faite des moyens avec lesquels il y aurait sub-
venu, il prouva que, par l'augmentation dans la recette
des droits de consommation qu'aurait déterminé l'af-
fluence des étrangers, le gouvernement aurait non
seulement de quoi subvenir à ces dépenses, mais aurait
même un excédent de recette.

cation aux produits de nos fabriques, ces codes de commerce et de marine admirés de toutes les nations, ces magnifiques et utiles monumens dont la France est couverte? Et cependant ces ministres, gloire éternelle de notre nation, avaient au milieu de l'adminis- tration de nos finances, des obstacles à vain- cre, que le premier contrôleur-général de Louis XVIII n'a jamais connus. Les terres de la noblesse et du clergé étaient alors exemptes d'imposition : ses membres n'étaient pas soumis à la taille. Des provinces successive- ment réunies à la couronne, par conquête, comme l'Alsace, la Flandre, la Franche- Comté ; par suite d'arrangemens et par des traités, comme la Lorraine ; par testament comme le Dauphiné ; par mariage comme la Bretagne, avaient conservé des prérogatives, des priviléges qu'elles soutenaient avec beau- coup de fermeté, et qui souvent s'opposaient à l'établissement de nouveaux impôts et à un système d'égale répartition : enfin, le parle- ment de Paris, qui peu-à-peu s'était emparé du droit de consentir ou de refuser les im- pôts, mettait souvent obstacle à ceux dont l'établissement pouvait seul niveler les re- cettes aux dépenses, tels que le timbre et l'enregistrement, que de nos jours l'infortuné Louis XVI ne put jamais faire admettre, et qui, décrété depuis par nos chambres, fut considéré comme un bienfait. Au milieu de tant d'obstacles, ces ministres, traités d'hommes de mauvaise foi ou ignorans dans la science de l'administration, étaient parvenus à donner à la France une prospérité et des richesses telles que vingt-cinq ans de révolution et de guerres n'ont pu ni détruire l'une ni dévorer les autres.

L'ouvrage *d'un créancier de l'état* expose d'ailleurs avec beaucoup de clarté et de talens, les principes d'une bonne administration et les moyens de parvenir à un grand crédit, et on doit savoir gré à l'auteur d'avoir fait ressortir l'odieux de ces retards de paiemens, de ces réductions, de ces banqueroutes continuelles masquées sous le nom d'arriéré, et de ces consolidations forcées auxquelles les gouvernemens révolutionnaires ont eu si souvent recours.

A l'appui de ces principes, et pour faire mieux apprécier tout l'avantage qui résultera pour le gouvernement d'un système marqué au coin de la probité et de l'exactitude, je citerai un passage d'un rapport fait en l'an 8,

remarquable pour le temps où il a été écrit :
« La fidélité de l'état devenant le garant né-
« cessaire de celle des individus , il s'établit,
« par son fait et sous sesauspices, un sys-
« tème général de bonne foi , une habitude
« de confiance réciproque qui sert d'aiguil-
« lon et de soutien au travail et à l'industrie,
« et qui finit par les environner de toutes
« les ressources du crédit.

« Alors le capitaliste qui, dans le dé-
« sordre des finances, aurait fermé sa bourse
« ou bien exigé un intérêt ruineux, devient
« plus confiant et plus libéral à mesure que
« le gouvernement devient plus exact et
« plus juste. Alors la circulation s'enrichit
« de tous les trésors que la méfiance tenait
« oisifs, ou dont la cupidité ne se dessaisis-
« sait qu'à des conditions trop dures.

« Alors la richesse, le savoir et l'activité,
« pouvant s'associer sans risques, règlent
« leurs prétentions réciproques avec modé-
« ration et justice. La fortune vient au se-
« cours des talens : les capitaux reparaissent
« de toutes parts, le travail marche à leur
« suite, le scandale de l'oisivité disparaît
« avec la misère qui l'avait produit, et le
« retour des salaires fait cesser le brigan-

« dage et les crimes qu'enfante toujours le
« malheur, malgré l'impuissante sévérité des
« lois. »

Aussi l'auteur des *Observations et éclaircissemens*, dont je combats l'opinion, précisément parce que la célébrité dont jouit
son ouvrage peut contribuer à nous laisser
dans une mauvaise route, a eu raison d'in-
sister pour le paiement intégral des dettes
contractées avant l'arrivée du Roi ; mais un
paiement intégral en rentes ou annuités,
portant six pour cent d'intérêts, n'était pas
plus une consolidation forcée, qu'un paiement
en obligations portant huit pour cent d'intérêts. D'ailleurs, la création des rentes pouvait être accompagnée d'un fonds d'amortissement ; on pouvait, par la vente des forêts,
leur offrir un écoulement au pair, et ce mode
de liquidation d'un engagement dont le
Roi se chargeait, était même le seul que
comportait la situation de la France, la nécessité de réparer les malheurs et les pertes
occasionuées par les deux dernières campagnes, et l'obligation de ne pas laisser souf-
frir le service courant.

Ainsi, loin de diminuer quelque chose de
la fidélité et des égards que l'on doit aux

créanciers de l'état, je veux que le mode adopté pour les payer, soit tel que leur liquidation puisse être immédiate, n'influer en rien sur la consolidation du gouvernement, et ne pas arrêter la prospérité intérieure, véritable source du crédit public. Ce crédit est nécessaire, indispensable; « car la sagesse « elle-même, bornée à la simple manuten- « tion des revenus fixes d'un Empire , ne « peut rien entreprendre de grand , et c'est « de son alliance avec le crédit, que naissent « tous les moyens de prospérité et de gloire ; « aussi faut-il les honorer tous deux pour « conduire un Etat au plus haut point de « grandeur (1). »

Mais comment pouvait-on l'obtenir, lorsque par suite du plan de finances, on appliquait une grande partie des recettes courantes à l'arriéré, et que le ministre des finances, au lieu d'être subordonné, comme il aurait dû l'être, à tous les autres ministères, les avait subordonnés au sien, contre l'exemple cité de l'Angleterre, et les avait forcés à des réductions telles qu'ils étaient arrêtés dans leur marche ?

____

(1) *Considérations sur les avantages de l'existence d'une dette publique*, 1800.

Le crédit accordé à la marine était assurément suffisant en temps de paix ; mais soit que les fonds formant ce crédit aient été employés à l'arriéré, soit que la distribution n'en ait pas eu une sage application, il est de fait que les dépenses les plus importantes de ce département ont été ajournées. La marine française peut trouver dans ses seules forêts tous les bois de chêne nécessaires pour ses constructions, à meilleur compte qu'en les extrayant du nord, comme l'avait fait M. de la Luzerne en 1788. Ainsi la marine, assurée de pouvoir toujours s'approvisionner en France de cet important article, pouvait négliger de s'en occuper ; mais elle ne peut se procurer les belles mâtures de pins, indispensables à ses vaisseaux et à ses frégates, qu'à Riga et Pétersbourg pour les ports de l'Océan, et à Odessa pour Toulon ; et tous nos arsenaux en étant entièrement dépourvus, il eût été du devoir du ministre de s'occuper, dès le mois de juin, de cet approvisionnement important et de celui en brais et goudrons, auxquels nous ne pouvons que difficilement suppléer par les ressources de notre sol.

Une grande navigation aurait donné de

l'occupation aux officiers, et sur-tout aux matelots. que l'état de paix laissait sans emploi, et cette navigation ne pouvait être que la suite. naturelle de l'attention que le ministre aurait portée à nos colonies. Or, M. le baron Malouet était en place depuis plus d'un mois, et il n'avait pas encore, faute de fonds, disait-il, pu envoyer à St.-Domingue une seule goëlette, pour s'assurer des dispositions des chefs de cette île. L'expédition pour la Martinique et la Guadeloupe fut différée jusqu'à la fin de septembre. Celle pour Pondichéry ne fut que projetée. Cayenne et la Guyane sont restés dans l'oubli, et la frégate qui devait porter au Sénégal le gouverneur et les employés de cette colonie, était encore dans la rade de Brest, le jour où on y apprit le débarquement de Buonaparte. Au reste, il est heureux que cette expédition soit rentrée à Brest, et n'ait pas compromis le gouvernement français en Afrique. L'île St.-Louis, Gorée, les forts de Podhor, Galam et autres que nous occupions autrefois au Sénégal, exigeaient au moins 1,800 hommes, et on en envoyait 220, assurément insuffisans pour l'étendue et l'importance de cet établissement.

Tout ce que j'ai dit sur ce département devrait peu surprendre, s'il était vrai, comme on le prétend, que le ministère s'était déclaré anti-colonial, qu'il l'annonçait publiquement, et que quelques-uns de ses membres ne cessaient de répéter que la France ne devait être qu'agricole, ne ressemblant pas, à cet égard, au cardinal d'Ossat, un de nos grands hommes d'état, qui, voyant la France privée de navires, disait : « C'est un de mes « anciens regrets et un des plus notables et « honteux manquemens du premier royaume « de la chrétienté, flanqué de deux mers, « et situé par la nature au plus beau et « avantageux endroit de l'Europe pour faire « et pour aider et empêcher toutes grandes « entreprises tant par mer que par terre, « c'est, dis-je, un de mes grands regrets « que ce royaume se manque à lui-même. »

Au département de l'intérieur, le même défaut de fonds se faisait sentir, et influait sur le résultat de cette administration. Dans ce ministère, comme dans celui de la marine, les fonds s'appliquant ou à l'arriéré ou à des dépenses susceptibles d'être ajournées, il n'en restait ni pour l'encouragement de nos manufactures, ni pour donner aux travaux publics toute l'attention qu'ils exigeaient, et cette énergie si nécessaire dans les circonstances difficiles où on se trouvait.

Si le ministère de l'intérieur s'est ressenti comme celui de la marine de la modicité des fonds mis à sa disposition pour le service courant, celui de la guerre a éprouvé de plus funestes résultats encore du système adopté, ce ministère ayant été entaché, comme tous les autres, du vice de réduction et d'économie qui ne pouvait manquer de faire des mécontens, et de l'espèce la plus dangereuse.

Le traité du 31 mai, en replaçant la France dans ses anciennes limites, ne la privait pas seulement d'une grande étendue de territoire, mais des immenses dotations que Buonaparte avait distribuées à son armée dans les pays dont il avait fait la conquête. Je ne crois pas m'écarter de la vérité en les évaluant à 40 millions de rentes. J'ai la certitude que la Westphalie seule en comprenait pour 15 millions, faisant la moitié des 30 millions auxquels s'élevaient les revenus des domaines des électeurs de Hanovre et Hesse-Cassel, et des ducs de Brunswick et autres dont les états avaient composé ce

royaume. Les autres dotations étaient dissé-
minées en Allemague, en Pologne, en Illy-
rie, en Italie, etc. L'armée aurait supporté
avec plus de résignation peut-être, l'état de
paix qui lui occasionnait tant de pertes et lui
fermait tout avancement rapide, et se serait
attachée plus facilement à son Souverain légi-
time, si le gouvernement qui, sans armée,
ne pouvait obtenir ni obéissance au dedans,
ni considération au dehors, eût inscrit alors
au grand-livre 8 à 10 millions de rentes pour
tenir lieu du quart des dotations. Ces rentes
inaliénables, dont le titre eût rappelé l'ori-
gine, eussent pu être possédées à titre de
majorat et être reversibles à la couronne après
l'extinction de la ligne directe du titulaire ;
elles eussent formé un lien de plus entre l'armée et le Roi ; mais par suite du système de
finances adopté, loin d'être en état d'offrir à
l'armée quelque dédommagement pour ses
pertes, on ne put même payer avec exactitude les pensions attachées à la Légion-
d'honneur, et on les supprima pour les nouvelles nominations. Enfin, peut-être eût-il
été sage, loin de réduire la paye de la vieille
garde, d'examiner si, vu le haut prix au-
quel, depuis quelques années, tous les objets

de consommation sont parvenus, il n'était pas convenable d'augmenter d'un sou par jour la paye du soldat de ligne, à qui il ne reste que six centimes environ, après le prélèvement des retenues pour sa nourriture et son habillement. Sur cent quatre-vingt mille hommes, un sou d'augmentation avec l'augmentation proportionnelle pour les officiers, ne faisait pas une dépense de plus de 7 millions, et ce sacrifice, en prouvant à l'armée la sollicitude du Roi pour l'amélioration de son sort, l'aurait rendue moins accessible aux perfides insinuations des malveillans, et aurait empêché le succès de cette invasion, qui a coûté à la France plus de cent mille hommes et de deux milliards.

Mon opinion à l'égard des avantages qu'il eût été convenable d'accorder à l'armée, est en tout conforme à celle qui a été exprimée dans la sage et noble motion faite à la chambre des pairs par le maréchal Macdonald ; et, ainsi que lui, je pense qu'au même instant où le Roi aurait donné à l'armée des preuves de sa sollicitude, il aurait dû comprendre dans sa munificence les émigrés, si dignes d'intérêt par leurs malheurs et leur fidélité au Roi. Il est temps que la nation française revienne à ces sentimens nobles, justes et généreux, produit de l'élévation de l'ame et autrefois son caractère distinctif. Il est temps d'oublier sous quels drapeaux on a combattu, de mettre fin à toute récrimination, et d'opérer un rapprochement désiré par tous les bons Français et le vœu le plus ardent du meilleur des Rois et de son auguste famille.

Les autres ministères, et notamment la police, ont dû également se ressentir de la modicité des fonds mis à leur disposition : aux grandes affaires, disait le cardinal Retz, il ne faut pas regarder à l'argent.

Par tout ce qui a été dit ci-dessus, si j'ai prouvé que nous avons dû au système de finances adopté depuis le retour du Roi, l'inaction des travaux publics et particuliers, le peu d'essor donné à la navigation, l'abandon presque absolu des colonies, et tous les obstacles qui se sont opposés à la prospérité générale et à la tranquillité intérieure, il me reste à démontrer qu'un système libéral sans profusion, pourvoyant à toutes les dépenses utiles, nivelant les recettes aux besoins, soit par des emprunts, dont l'extinction s'opérerait par une caisse d'amortissement, soit par des impôts combinés de manière à servir l'industrie au lieu de lui nuire, ne pourrait manquer de calmer toutes les passions, d'éloigner tout motif d'aigreur et de mécontentement, et de réunir la nation entière à son Roi.

Le crédit public exige une garantie contre de nouvelles révolutions. Une fois ce but atteint : « Les propriétés reprendront à « l'instant même une plus grande valeur, la « thésaurisation, cette fille de l'égoïsme et « de la peur, qui dessèche tout autour d'elle, « reversera dans la société ses funestes éco- « nomies. La volonté de travailler, d'ac- « quérir, d'employer, de posséder, de faire « valoir, et d'acquérir encore, créant pour « tous les genres d'occupations et de place- « mens une concurrence salutaire, les ca- « pitaux reparaîtront et afflueront de toutes « parts ; les transactions, les ventes, les « échanges reprendront leur ancienne acti- « vité ; les impositions indirectes, telles que « les droits d'enregistrement, de timbre et « de patentes, toutes celles qui portent sur « les consommations, et qui sont d'un si « faible revenu, donneront des produits « toujours croissans ; en un mot, la con- « fiance, plus rapide encore dans ses pro-

« cédés, que l'administration elle - même
« dans l'exercice de ses œuvres, hâtera la
« maturité des fruits de la sagesse, et le gou-
« vernement s'étonnera lui-même d'avoir à
« les cueillir avant le terme (1). »

Tels seront les effets de la tranquillité publique, résultat infaillible d'une administration forte et libérale, exigée par les circonstances, et qui, seule, peut donner aux esprits une nouvelle direction.

Lorsque chaque année la guerre moissonnait nos générations, que tant de Français pleins de ressort, d'ambition et de courage, y trouvaient leur avancement ou la mort, le gouvernement se ressentait peu de la privation de ses colonies et de la navigation; mais aujourd'hui que notre armée est réduite, que 200 mille hommes et plus, naguère armés, sont dans l'inaction sur le sol de la France, lorsque surtout, depuis dix ans, l'éducation publique a porté toute la jeunesse vers l'état militaire, il est nécessaire pour notre repos, et pour celui du monde, que des colonies lui offrent des chances de fortune. Cette opinion à l'égard

____

(1) *Considération sur les avantages d'une dette publique.* Paris, 1800.

de la France, a été énoncée avec autant de force que d'impartialité, dans une brochure imprimée à Londres, en 1802, et qui portait pour titre : *The crisis of the sugar colonies* (la crise des colonies à sucre). L'auteur considérait alors l'expédition pour Saint-Domingue, entreprise par Buonaparte, non seulement comme pouvant avoir pour la France les plus heureux résultats, mais encore comme indispensable pour la débarasser de la partie de ses armées, trop turbulente pour supporter un état de paix.

Sans vouloir multiplier les citations à l'appui de mon opinion, je dirai, avec l'auteur d'un voyage dans la Louisiane, imprimé en 1805 : « Une considération im-« portante pour la France, c'est la néces-« sité d'une grande colonie où elle puisse « déposer l'excédent de sa population. Tous « les peuples bien gouvernés, chez lesquels « le commerce et les arts fleurissent, ob-« tiennent bientôt une population surabon-« dante, qui ne trouvant pas à subsister « sur son territoire, doit aller chercher ail-« leurs une existence plus douce. Les Ro-« mains avaient de nombreuses colonies : « les Grecs, dans les temps de prospérité ,

« en avaient aussi plusieurs. Les peuples du
« nord envahirent le midi, et dans des
« temps plus reculés nous avons vu toutes
« les grandes puissances de l'Europe cou-
« vrir d'un peuple remuant et ambitieux,
« des pays immenses et jusque-là déserts,
« sans que leur population paraisse en avoir
« sensiblement souffert. Ainsi la Hollande
« a porté son industrie dans les deux Indes,
« où elle possède de superbes colonies, et
« l'Angleterre, un des états les moins po-
« puleux de l'Europe, a créé de nouveaux
« royaumes, et compte dans l'un et l'autre
« continent, plus de sujets que dans son
« sein même. La France seule est aujour-
« d'hui privée de cette ressource, et cepen-
« dant c'est une des puissances où le génie
« actif de ses habitans l'exige le plus im-
« périeusement. Il est vrai que chez elle,
« la classe des cultivateurs est sédentaire ;
« mais avec une aussi nombreuse population,
« elle doit nécessairement avoir, et elle a
« effectivement une si grande quantité d'a-
« venturiers, qu'il lui importera toujours
« de pouvoir leur offrir une ressource contre
« le besoin. »

A l'époque où M. Perrin Dulac écrivait,

la Louisiane, qui eût présenté de si immenses ressources à la France, avait cessé de lui appartenir, et, réunie aux Etats-Unis, nous ne pouvons plus la considérer que comme un pays indépendant, où nous sommes toutefois assurés de jouir, pendant dix ans, de tous les priviléges attachés à ses propres habitans. Quoiqu'il en soit, le gouvernement fera sagement d'encourager l'établissement d'un grand nombre de Français sur le continent de l'Amérique, et notamment au Brésil, où un prince éclairé promet accueil aux étrangers qui viendront s'y fixer. Ils y inspireront le goût des articles de nos fabriques, augmenteront les relations avec nos ports, et, après quelques années d'absence, ils viendront rapporter en France les capitaux dont ils se seront enrichis. Il me semble qu'un moyen facile de procurer aux officiers non en activité les moyens de s'établir avec avantage aux Etats-Unis ou aux colonies, serait d'autoriser les intendans et consuls à racheter pour le compte de l'Etat, la pension de retraite ou le traitement de 4 cinquièmes, moyennant un capital équivalent à 5 ou 6 années.

Il n'est pas douteux que ces guerriers, na-

guère la gloire, et depuis l'effroi de leur patrie, perdraient peu à-peu leur esprit d'agi-
tation, et que, dans quelques années, ils
donneraient l'exemple du respect et du dévouement envers le Roi, dont l'active et
bienfaisante prévoyance aurait été le principe de leur fortune.

On s'exagère généralement les difficultés
et les avances qu'exige l'établissement des
colonies. Saint-Domingue, si long-temps
l'objet de l'envie de nos rivaux, Saint-Domingue, qui seule importait en France, avant
la révolution, 150 millions de café, 70 millions de sucre, et une quantité assez considérable de coton, de cacao et d'indigo, n'é-
tait rien au commencement du dernier siècle.
C'est en 1675 que les premiers nègres y furent importés. Son agriculture, confiée alors
aux flibustiers, ne présenta long-temps que
de faibles résultats. Après la paix d'Utrecht,
elle prit quelques accroissemens, mais le
mouvement d'énergie ne fut donné qu'après
la paix de 1763. « J'ai vu, dit l'auteur d'un
« ouvrage bien écrit, sur l'esclavage des noirs,
« le commencement de Jérémie ; j'ai vu abat-
« tre le premier arbre dans le beau quartier
« de Plymouth, des hauteurs de l'Archaye,

« de Saint-Marc, etc. La belle plaine du Sud
« de Saint-Domingue ne comptait en 1756
« que peu d'habitations et sucreries, et les
« défrichemens faits depuis quelques années
« dans les montagnes, devaient doubler la
« récolte des cafés à l'époque où notre af-
« freuse révolution, source de tant de mal-
« heurs en Europe, est venue détruire, peut-
« être pour toujours, la fortune d'un si grand
« nombre de colons, et annuler la valeur de
« toutes les créances que le commerce avait
« sur cette riche colonie. »

Un membre distingué du conseil d'état,
recommandable par son attachement au Roi
et à la France, avait présenté, l'année dernière, un plan de pacification pour Saint-
Domingue, qui avait fixé l'attention de Sa
Majesté et du conseil des ministres. Le plan
avait l'avantage de réunir tous les intérêts,
de fixer le sort des hommes armés comme
celui des cultivateurs, de rendre aux propriétaires une fortune dont la révolution les
a privés. Il avait pour résultat encore de
donner au commerce une prompte activité,
de fournir à la France une garantie certaine
pour la conservation de la paix, et aux ar-
mateurs une plus grande sécurité pour l'a-

venir. Espérons que le jour n'est pas éloigné où l'on pourra mettre des vues aussi sages en exécution, et que cette intéressante colonie reviendra bientôt à la métropole!

Les mêmes motifs qui me font désirer l'établissement d'un grand nombre de Français sur le continent de l'Amérique, me portent à souhaiter, dans l'intérêt du commerce, comme dans celui de la tranquillité intérieure, que le gouvernement donne la plus sérieuse attention à nos propres colonies.

Mais si nous voulons assurer le succès de nos expéditions, nous devons faire des efforts proportionnés à leur importance. C'est principalement au sortir d'une guerre malheureuse que nons devons nous présenter aux peuples de l'Afrique et de l'Amérique, avec l'attitude d'une grande nation que les revers retrempent mais ne peuvent abattre.

Quelle pitié inspirent les mesures de parcimonie dans un pays comme la France, lorsqu'elles arrêtent son industrie? La France, par la perte de Saint-Domingue, a été privée d'un revenu qu'on ne peut estimer à moins de 100 millions; et depuis vingt-cinq ans que cette privation existe, il en est résulté un vide d'importation de 2 milliards 500 millions. Il ne reste des 3 milliards environ dépensés depuis vingt ans, pour la marine, qu'un matériel équivalant à peine aux deux tiers de ce qu'il était en 1789. Nous ne pouvons supputer les milliards prodigués pour tant de guerres dont le résultat a placé les limites de la France en deçà de ce qu'elles étaient avant la révolution, et l'a privée de ses plus belles colonies, et cependant au milieu de ces dissipations sans fruit, la France est toujours riche en valeurs de toutes natures, parce que son sol est inépuisable, et que les bras qui alimentent son industrie ne peuvent être paralysés. A quel dégré de prospérité sera-t-elle donc susceptible de parvenir, lorsque nous appliquerons au rétablissement ou à la création de nos colonies, à l'amélioration de l'agriculture, à l'encouragement du commerce et de l'industrie, la moindre partie de ces fonds dissipés pour des guerres presque toujours injustes et sans objet, et dont nous avons été si avares pour les choses utiles ?

Il me reste à indiquer par quels moyens on peut opérer la liquidation de l'arriéré et le paiement des contributions exigées par l'étranger, sans avoir besoin d'y appliquer les

recettes courantes , et sans qu'il soit nécessaire de recourir à de nouveaux impôts.

Ces moyens étant indépendans de l'état
de l'arriéré et de celui des réclamations à
faire par les étrangers , je n'ai pas cru en
devoir différer plus long-temps la publication , retardée seulement jusqu'au moment
de l'annonce officielle du traité de paix.

J'établis d'abord en principe : 1º que désormais chaque ministre présentera l'état des
dépenses nécessaires pour satisfaire à tous les
besoins de son département, et qu'il lui sera
ouvert un crédit suffisant pour les acquitter ;

2º Que les recettes de l'exercice courant
seront exclusivement employées aux dépenses courantes, sauf à verser à la caisse d'a-
mortissement l'excédent de recettes , s'il y en
a, et à couvrir par des moyens de crédit
l'excédent de dépenses sur les recettes , si
ces dernières étaient insuffisantes ;

3º Que l'arriéré sera acquitté dans le plus
bref délai en rentes portant six pour cent
d'intérêt, c'est-à-dire par une création de
18 millions, si la dette est de 300 millions, et
de 50 millions, si elle est encore de 500 ;

4º Qu'en maintenant la loi qui a autorisé
la vente de 300 mille hectares de forêts, on

admettra en paiement de leur adjudication les rentes portant six pour cent d'intérêt au pair, et les rentes anciennes au prix de 85 fr. L'argent et les rentes provenant des adjudications de forêts seront versés ou transférés à la caisse d'amortissement et lui serviront de fonds destinés à éteindre successivement la dette annuelle, jusqu'à ce qu'elle soit réduite à 75 millions ;

5° Que le paiement annuel de la contribution de 140 millions se fera au moyen du placement de rentes ou autres valeurs, mais toujours par des moyens de crédit dont les circonstances détermineront le choix. Ainsi, si l'on faisait un emprunt, il pourrait se composer, pour chaque mille francs, de

> 200 fr. en bons de receveurs-généraux à un ou deux ans, à cinq pour cent d'intérêt ;
>
> 200 fr. en obligations, à six, sept ou huit ans, portant un intérêt plus ou moins fort ;
>
> 600 fr. en 750 francs de rentes, à six pour cent, au cours de 80 fr., je suppose.

ensemble, 1,000 fr.   Ce sont ces valeurs

réunies qui , en Angleterre se nomment l'*omnium* ou le total des valeurs données en paiemens du prêt.

J'ai parlé de liquider en rentes un arriéré que j'estime à 400 millions, qui,
à 6 pour cent d'intérêt,
feront 24,000,000
et d'acquitter de cette manière la contribution à payer aux étrangers. En la portant à un milliard , y compris les indemnités , et supposant le cours commun du placement des rentes pendant les cinq années , à 80 fr., ce sera encore. . 65,000,000 } 89,000,000 fr.

Ces rentes nouvelles , jointes à celles inscrites au grand-livre, et qui s'élèvent à . . . . , s . . 64,000,000

Aux rentes viagères montant à. . . 15,000,000

Et aux pensions , qu'on peut évaluer à . . . . . . : 20,000,000

Forment ensemble . . . . 188,000,000 fr.

Et dans cette somme , 20 millions environ appartiendront à la caisse d'amortissement, puisque les forêts , d'après le plan que je propose, seront payées en rentes , et en absorberont au moins pour 400 millions qui lui seront transférés.

Les hommes qui s'occupent de finances ou

des opérations de la bourse, se récrieront
sans doute contre une création successive
de 89 millions, et la considéreront comme
devant faire tomber la rente au plus bas
prix. Je le demande cependant à ces hommes mêmes qui considèrent avec raison
la bonne foi et la fidélité des engagemens
comme le seul moyen infaillible par lequel
un état peut parvenir à un grand crédit :
croyent-ils que si le gouvernement révolu-
tionnaire, au milieu de ses destructions de
toute nature, eût respecté du moins le sort
des rentiers de l'état et qu'il eût laissé subsister
dans toute leur intégrité les rentes inscrites
sur le grand-livre, ces rentes seraient aujour-
d'hui à 36 ou 40 francs, parce que la masse
en serait de 150 millions au lieu de 67 ? Non
sûrement, ils ne peuvent croire que le fruit
d'un acte de fidélité eût réduit à la plus faible
valeur les fonds publics.

Or, les 90 millions rayés par un trait de
plume, ne seraient que remplacés par les 89
millions qu'exige la liquidation de l'arriéré et
des contributions à payer à l'étranger.

Lors des discussions qui eurent lieu en 1798,
au sujet de l'invasion projetée en Angleterre, un député, faisant allusion à la mesure

proposée de la réduction des rentes au tiers de leur valenr, s'écria :

« Plût au ciel qu'il fût possible d'envoyer,
« pour six mois seulement, tous les partisans
« du système dépréciateur des fonds publics
« de France, présider au sénat et dans les
« conseils de nos ennemis !

« Leur théorie et leurs principes seraient
« plus funestes au gouvernement anglais,
« qu'un débarquement et une invasion de cent
« mille hommes.

« Le crédit et la confiance, voilà le secret
« de sa force;

« La foi publique, voilà l'objet de son
« culte, voilà sa religion, voilà son Dieu
« sauveur.

« Allez renverser cette idole, prédicateurs
« de la dépréciation, mettez la vôtre à la
« place, et bientôt la dominatrice des mers
« et du commerce n'aura plus ni valeurs, ni
« argent, ni billets de banque, ni emprunts,
« ni industrie, ni agriculture, ni marine, ni
« colonies.

« Il n'y aura partout que banqueroute,
« pauvreté, inaction, désespoir. »

On a dit qu'une nouvelle création de rentes étant un véritable impôt sur les anciens

rentiers , le gouvernement n'en pouvait
émettre de nouvelles sans manquer à la bonne
foi et à la fidélité due à ses engagemens ; mais
une pareille opinion, qui tendrait à circonscrire l'emploi du crédit , et conséquemment
les moyens de puissance de la France , dénote
qu'on ignore jusqu'aux engagemens réciproques du prêteur et de l'emprunteur. Celui-ci
s'est engagé à acquitter fidèlement les intérêts de la somme qu'on lui a prêtée , et dès
qu'il en paye exactement les arrérages , le
prêteur n'a jamais aucune réclamation à lui
faire au sujet des variations que le capital
transférable éprouve à la bourse. J'ajouterai
que le plus grand malheur qui pourrait arriver
au gouvernement, serait de circonscrire lui-
même la puissance du crédit, en contractant
l'engagement de n'en pas faire usage pendant
un temps donné. Il n'est aucun avantage
quelconque qui puisse jamais compenser les
effets d'une pareille tutelle.

Faut-il faire usage de chiffres pour prouver
que cette création n'a rien de gigantesque et
surtout d'inusité en France ?

Dans le traité de l'administration des finances par M. Necker, cet ancien contrôleur-
général porte, pour l'année 1783, les rentes

perpétuelles à . . . .   126,500,000 fr.

Dont il est juste de déduire,
pour celles
payées par
le clergé, . 7,000,000 fr.
 Pour cel-
les des pays
d'état . . . 9,400,000 fr. } 16,400,000 fr.

 Restait en perpétuel . . 100,100,000 f.
 En viager   81,400,000
 En remboursement annuel, 27,500,000
 En pensions 28,000,000

    Ensemble . . 237,000,000

Or si nous retranchons de
cette somme, celle à laquelle
s'élèveront les arrérages et
pensions à payer par le trésor , la liquidation terminée ,
ci 189,000,000

Nous trouverons que nous
aurons. 48,000,000
de moins à payer qu'en 1783,
ce qui , joint aux. 20,000,000
appartenant à la caisse d'a-
mortissement , porte l'amé-

lioration actuelle à . . . . . 68,000,000 f.

Or, en 1785, la rente était presqu'au pair,
et, parmi les recettes du gouvernement, on
ne comptait pas le produit du timbre et de
l'enregistrement.

Je pourrais m'étendre davantage pour
prouver que la création successive proposée,
création que j'accompagne d'un fonds d'a-
mortissement de 20 millions de rentes, est
le seul moyen de liquider sans froissement
et sans influer sur le service ; que, loin de
déterminer la baisse des rentes, elle en augmentera la valeur, comme elle maintiendra
celle de tous les objets, en remplaçant, par
des effets transférables, le vide momentané
qui résultera du paiement du milliard exigé
par les étrangers, et en contribuant à donner un grand mouvement aux affaires. Veut-
on en juger les effets ? « Nous voudrions,
« est-il dit dans un rapport dont j'ai déjà
« cité un passage, pouvoir suivre pas à pas
« toutes les routes que parcourent, dans
« leurs subdivisions infinies, 80 à 100 mil-
« lions de rentes réparties entre les créan-
« ciers de l'état; nous voudrions montrer
« toutes les issues par lesquelles cette ré-
« partition salutaire porte avec elle l'abon-
« dance et la vie dans tous les canaux de

4

« la circulation. On verrait comme de main
« en main la somme touchée au trésor pu-
« blic, et livrée à la manutention des par-
« ticuliers, se multiplie à l'infini pour opé-
« rer à son passage la libération successive
« de tous les débiteurs; comment ce pre-
« mier service accompli, elle va pourvoir
« aux besoins de l'industrie, faciliter le
« paiement des salaires, des réparations,
« des contributions, des exploitations et des
« achats de toute nature; comment cette
« même somme, introduite dans le com-
« merce, vivifie dans son cours toutes les
« valeurs auxquelles elle prête sa médiation
« et son assistance; comment, après avoir
« été d'abord moyen de libération et de tra-
« vail, elle devient encore moyen d'aisance
« et de richesse; comme elle facilite le paie-
« ment de l'impôt en enrichissant le con-
« tribuable; et comment elle grossit l'impôt
« lui-même en augmentant les valeurs qui
« y sont sujettes, les consommations et les
« transactions à l'occasion desquelles il se
« perçoit; et enfin comment, après avoir
« épuisé tous ces différens services, elle re-
« tourne sous la forme d'impôt dans le tré-
« sor public, qui bientôt la restitue à ces
« mêmes services. »

Ces sages principes viennent encore d'être développés avec beaucoup de talent dans une brochure qui paraît depuis peu, et qui porte pour titre : *des Finances de l'Angleterre*. Sa lecture m'a été d'autant plus agréable, qu'elle était faite pour contribuer à me rassurer sur la publication d'un plan et d'un système qui ont ma conviction personnelle, mais qui portent avec eux, j'en conviens, tout le caractère d'une innovation. Je recommande cette brochure aux hommes qui s'occupent de nos finances.

Qu'on me permette encore quelques observations propres à rassurer contre la crainte qu'on pourrait avoir qu'une nouvelle émission déterminât une forte baisse dans le cours des rentes.

Il est reconnu que, sur environ 64 millions auxquels s'élèvent dans ce moment les rentes inscrites, 32 millions environ appartiennent à d'anciens rentiers qui, indifférens à la hausse ou à la baisse d'un capital qu'ils considèrent un immeuble, ne s'inquiètent nullement du cours de la bourse, mais beaucoup de l'exactitude du paiement des arrérages. Cette classe d'hommes, loin donc d'être celle pour qui une nouvelle création peut devenir un impôt, verra toujours avec plaisir toute émission qui donnera au gouvernement de l'aisance, et conséquemment le moyen d'être exact ; ci. 32,000,000

Les hôpitaux, la légion-d'honneur, la caisse d'amortissement et autres main-mortables, en possédaient pour environ. . . . 16,000,000

qui étaient comme les 32 millions pour ainsi dire inamovibles ; ci 48,000,000

Ainsi, c'est à environ 16 millions que se réduit dans ce moment la masse des rentes dites flottanfes, et dont les propriétaires sont intéressés au cours de la bourse. Cette quotité est assurément bien faible dans un pays comme la France, puisque la rente est un des principaux moyens de placement des deniers de mineurs et de veuves, des épargnes des employés et des capitalistes étrangers aux affaires de commerce. Elle serait insuffisante dans un temps de paix, et lorsque les négocians étrangers qui ne trouvent dans leurs fonds publics que trois ou quatre pour cent de leur argent, viendront acheter des nôtres. Quand la masse des rentes flottantes

est si faible, elle est entre les mains des
joueurs un objet de facile accaparement, un
article de spéculation dont ils peuvent, à
leur gré, opérer les variations. Il serait trop
long et étranger à mon sujet d'entrer dans
le détail de toutes les combinaisons du jeu ,
de parler des achats de rentes au comptant,
à prîme et à terme, de l'escompte des rentes, etc. Il me suffira de dire qu'à mesure
que la masse des rentes augmentera, leur
cours deviendra plus indépendant et pourra
moins facilement être arrêté par le jeu
dans sa hausse rapide, résultat, je le répète, d'une bonne administration et de la
stabilité du gouvernement monarchique sous
nos Rois héréditaires et légitimes.

En indiquant la création des rentes comme
un moyen d'opérer la liquidation de l'arriéré
et les contributions étrangères, sans entraver la marche de l'administration dans un
moment où tout est à réparer et à recréer,
je suis loin de rejeter l'alliance d'autres
moyens propres à atteindre au même but ,
tels que les obligations, les annuités à plus
ou moins long-terme, les rentes viagères,
les tontines, etc.

Je crois avoir suffisamment indiqué les

moyens de former les fonds d'une caisse d'amortissement ; et sa dotation sera telle que vingt cinq à trente ans suffiront pour éteindre les 74 millions de rentes à inscrire, tant pour le paiement de l'arriéré que pour celui des contributions.

En effet, soit que le gouvernement décide que les 300 mille hectares de forêts seront vendus contre argent, et que les fonds provenant de ces rentes seront versés dans la caisse d'amortissement pour former son fonds primitif, soit qu'on autorise les adjudicataires à payer en rentes prises à leurs cours nominal, et qui seront transférées à la caisse d'amortissement ; de l'une et de l'autre manière, elle deviendra propriétaire d'environ 20 millions de rentes, c'est-à-dire de plus d'un quart de la création de 74 millions.

Il est d'autres moyens propres à contribuer à retirer les rentes de la circulation et à en améliorer le cours. Les tables dressées en Angleterre, par Smart, pour démontrer la valeur des annuités, ont servi à faire connaître quelles sont les sommes qui doivent être assignées par année au-delà de l'intérêt pour le rachat d'un capital de 100 mille francs, l'intérêt étant à 5, 6, 7 pour cent, et ont

donné l'idée de créer une caisse de capita-
lisation. Cette caisse offrirait à tous les particuliers la facilité de s'assurer un revenu
assez considérable au bout d'un certain
nombre d'années, au moyen d'un versement
annuel plus ou moins fort. Ainsi, par exemple, 1000 francs versés à cette caisse pendant trente-six ans, et employés avec cumu-
lation successive en achats de rentes, donneraient, au bout du terme, 5ooo francs de
rentes, même en supposant la rente achetée
au pair.

Le gouvernement, en prenant à son
compte les frais de cette administration,
et laissant aux particuliers la faculté d'ap-
porter les plus faibles sommes pour les capi-
taliser, déterminerait l'achat d'un grand
nombre de rentes, et contribuerait à en
élever le cours.

Peut-être serait-il bon aussi que les rentes
données en paiement de l'arriéré fussent au
porteur ; il en résulterait que les créanciers
de l'arriéré pourraient plus facilement s'en
servir comme moyen de crédit, en attendant qu'il leur convînt de les vendre ; que
ces rentes circuleraient dans les départemens, et y donneraient peu-à-peu le goût

des fonds publics jusqu'ici concentrés presqu'exclusivement dans Paris. Il ne peut y
avoir trop de Français intéressés à la tranquillité publique, et à la stabilité du gouvernement.

Avant de quitter le chapitre des rentes,
je ferai observer qu'on placera facilement
au pair une grande partie des 7 millions de
rentes représentant les 140 millions à payer
chaque année aux étrangers pour le cinquième des contributions qui leur revien-
nent, en les faisant entrer pour un cinquième
dans les paiemens des fournisseurs, condition qui serait stipulée dans les nouveaux
marchés. Il n'est pas un contractant qui ne
consente à cette condition, sans augmentation de prix, si sur-tout les quatre autres
cinquièmes payables en argent sont acquit-
tés avec exactitude. Peut-être pour faciliter
cette opération qui intéresserait les grandes
compagnies à soutenir la rente comme nous
l'avons vue en mai dernier, conviendrait-il
de diviser désormais les fournitures du
gouvernement en grands services, ce qui
lui donnerait des moyens de crédit. Peut-
être aussi serait-il sage d'établir en régies
intéressées les grandes administrations, et

d'attacher ainsi au gouvernement les meilleurs administrateurs et les plus riches capitalistes.

Pour faciliter la marche du gouvernement pendant les deux premières années, et augmenter le cours des effets publics, on pourrait porter à cinq ou six cents mille hectares la vente des forêts nationales, et admettre les rentes en paiement pour tout ou partie ; donner aux possesseurs de rentes non aliénées depuis la réduction, six pour cent au lieu de cinq pour cent, pendant tout le temps qu'ils en resteront possesseurs ; accorder la même faveur aux titulaires actuels qui, d'ici au 1er janvier 1822, auront conservé leurs rentes ; et après cette époque, ces rentes, et celles des anciens titulaires, ne seraient plus susceptibles de réduction d'intérêt.

Enfin une autre mesure indispensable pour parvenir à améliorer le cours des rentes, serait le paiement immédiat des arrérages en perpétuel et en viager, et des pensions échues. Le gouvernement remplira ses véritables devoirs envers ses rentiers, en leur acquittant désormais leurs intérêts avec la plus sévère exactitude.

Si on croyait devoir ajouter aux moyens de crédit que j'indique, celui d'une augmentation de contributions, elle pourrait, sans grand inconvénient, porter sur le sel, le sucre, le café et le cacao, pourvu qu'on eût l'attention de ne pas l'élever au point de diminuer la consommation de ces articles. Mais il me semble qu'aucune considération quelconque ne doit déterminer à imposer les matières premières de nos manufactures, et notamment le coton. On dira que le droit pourrait être très-faible; mais dès-lors, et par cela même, il deviendrait indifférent pour la recette, pendant qu'il pourrait nuire à la prospérité de nos fabriques.

On a vu, dans le cours de cet ouvrage, que j'établissais comme objet de première nécessité, l'obligation pour le gouvernement, de donner une grande impulsion au commerce, aux colonies et à la navigation ; mais pour que cette navigation et ce commerce prennent un grand essor, il faut que nous soyons désormais à l'abri de la crainte de voir les entreprises les plus sages et les mieux combinées renversées par l'effet d'une guerre sans déclaration préalable. Souvenons-nous de ces irruptions subites d'une foule de frégates anglaises enlevant les bâtimens français naviguant sur la foi des traités.

Combien de familles, jadis opulentes, datent leur ruine et leur misère des fatales époques de 1756 et de 1803!

En attendant que les rois coalisés, qui viennent de mettre un frein au despotisme de la France sous Buonaparte, fixent les droits et les devoirs des nations maritimes, en attendant que nous ayons obtenu une garantie contre les déclarations de guerre subites, il existe pour le gouvernement un moyen de donner une garantie au commerce, et de le mettre désormais à l'abri des bouleversemens de fortune, de ces destructions générales dont le contre-coup se faisait sentir dans toutes les classes et atteignait surtout la classe ouvrière.

Le gouvernement pourrait établir, pour son compte, une administration d'assurance pour risques de guerre seulement sur navires et cargaisons.

La prime pourrait être fixée:

A un et demi pour cent pour le cabotage depuis Dunkerque jusqu'à Pétersbourg d'une part et Cadix de l'autre, avec trois mois de terme pour le voyage;

A un pour cent pour la Méditerranée, avec cinq mois de terme;

A trois pour cent pour l'Amérique, aller et retour, avec huit mois de terme.

Au surplus, les primes et termes sont des objets de détail sur lesquels les hommes sages et éclairés qu'on mettrait à la tête de cette administration, seraient bientôt d'accord.

Les fonds provenans des primes seraient remis tous les trois mois à la caisse d'amortissement, qui en appliquerait le montant en achats de rentes.

En cas de guerre, le payement des capitaux se ferait immédiatement, et sur le vu du procès-verbal de capture, en rentes sur le grand-livre portant cinq pour cent d'intérêt, et remboursables par cinquième dans les quatre premières années qui suivraient la publication de la paix.

Ainsi, la guerre deviendrait nationale, et, loin d'entraîner la ruine des négocians, en leur rendant au même instant tous leurs moyens, elle les mettrait à même de réunir leurs efforts à ceux du gouvernement contre l'ennemi commun.

Le gouvernement pourrait borner la quotité de ses assurances à une somme de 200. millions, somme suffisante pour assurer tous les risques dehors. Ainsi, en supposant, dans

le cas d'une déclaration de guerre, la prise
de la moitié de nos bâtimens, le trésor public ne se trouverait grévé que de 5 millions
d'arrérages pendant le cours de la guerre,
et de 20 millions de capital par an pendant
les cinq années qui suivraient la publication
de la paix. S'il est facile d'apprécier le produit des primes d'assurance que recevrait le
gouvernement par suite de l'extension du
commerce, et de la navigation qui résulterait d'une pareille disposition, il est impos-
sible de calculer quel serait l'accroissement
de recettes pour l'enregistrement, le timbre,
les douanes et les autres impositions indirectes, que produirait infailliblement le dé-
veloppement d'une immense industrie et du
commerce le plus étendu. Je ne craindrais
pas de dire que cet accroissement suffirait
en cinq ans, et peut-être en trois, pour dédommager le gouvernement de la per de
100 millions, si, contre toute probabilité et
contre le vœu de l'humanité, à l'expiration
de ce terme, la guerre avait lieu (1).

---

(1) Les négocians savent qu'ils ne sont jamais ga-
rantis, en cas de déclaration de guerre, que d'une
manière très-imparfaite, par les assureurs particuliers

Dans cet ouvrage, trop long peut-être, je contrarierai, sans aucun doute, beaucoup d'opinions, et principalement cette tendance presque générale à ne croire qu'à des résultats malheureux.

N'en doutons pas, cependant, à la suite de ses agitations et de ses revers, et après avoir subi la loi de l'Europe entière réunie contre elle, la France n'en restera pas moins sur la ligne des grandes puissances. Régie par ses Rois légitimes, sa fortune ne pourra que s'accroître. Elle ne se livrera pas à de nouvelles guerres, mais elle s'opposera à celles que l'ambition ou la cupidité voudrait susciter. Bientôt son alliance sera recherchée, son appui sollicité, son intervention serai toute de conciliatio n, et l'Europe, qui lu devra son repos et son bonheur, lui rendra la confiance, l'estime et l'affection que ses conquêtes et ses injustices avaient fait perdre.

---

ou les compagnies d'assurance de ce pays, l'usage d'une forte réduction sur le capital assuré, ayant depuis long-temps prévalu.

FIN.